CATALOGUE

D'UNE MAGNIFIQUE

COLLECTION DE TABLEAUX

DE PREMIER ORDRE,

DES MAÎTRES LES PLUS DISTINGUÉS DES ÉCOLES ITALIENNE, ESPAGNOLE, HOLLANDAISE, FLAMANDE ET FRANÇAISE;

ACCOMPAGNÉS

D'UN CHOIX ÉGALEMENT TRÈS PRÉCIEUX DE MANUSCRITS ET DE LIVRES IMPRIMÉS SUR VÉLIN:

Dont la vente se fera le lundi 28 février 1825, et jours suivans, à six heures de relevée, rue de Cléry, n° 21, dans la salle de M. Lebrun.

L'exposition publique aura lieu les jeudi 24, vendredi 25, samedi 26, et dimanche 27 février, de midi à quatre heures.

Les Catalogues se distribuent A PARIS,

Chez
LEROUX, Chevalier de l'Ordre royal de la Légion-d'honneur, Commissaire-priseur, quai de Bourbon, île Saint-Louis, n° 25.

LANEUVILLE, Peintre et Expert du Gouvernement pour les objets d'art, rue Saint-Marc, n° 15.

P. DUFART, Libraire, quai Voltaire, n° 19.

DE L'IMPRIMERIE DE CRAPELET, RUE DE VAUGIRARD, N° 9.

OUVRAGES NOUVEAUX

Qui se trouvent chez P. DUFART, *Libraire, quai Voltaire, n° 19.*

STORIA D'ITALIA, dal 1789 = al 1814, scrita da CARLO BOTTA; *Parigi*, per *Giulo Didot, il Maggiore*, stampatore del Re. Quatro volumes in-4°, papier vélin supersin, édition de luxe, en caractères neufs, tirée seulement à 250 exemplaires. *Prix*, 100 fr.

HISTOIRE D'ITALIE, de 1789 à 1814, par CHARLES BOTTA. *Paris*, imprimerie de M. *Crapelet*, 1824. Cinq volumes in-8°. *Prix*, 35 fr.

HISTOIRE DE LA PEINTURE EN ITALIE, depuis la renaissance des Beaux-Arts jusque vers la fin du 18e siècle, par l'abbé LANZI; traduite de l'italien sur la troisième édition, par Mme ARMANDE DIKODÉ. *Paris*, imprimerie de MM. *Firmin Didot* père et fils. 1824. Cinq volumes in-8°. *Prix*, 35 fr.

Cette traduction est la seule complète qui ait été publiée de l'ouvrage de Lanzi. L'on n'en avait hasardé jusqu'ici que des abrégés, qui, en laissant entrevoir le mérite de cet écrivain, si remarquable par sa précision et son exactitude, ont fait sentir toute l'importance de son Histoire de la Peinture, et l'utilité de la faire connaître en France dans tout son ensemble. Il n'y a presque point de bibliothèques en Italie où cette production de Lanzi n'occupe une place distinguée, et si son livre est indispensable aux artistes et à tous ceux qui ont le goût des beaux-arts, il ne se recommande pas moins aux amateurs de la saine littérature.

28 février 1825

CATALOGUE

D'UNE MAGNIFIQUE

COLLECTION DE TABLEAUX

DE PREMIER ORDRE,

DES MAÎTRES LES PLUS DISTINGUÉS DES ÉCOLES ITALIENNE,
ESPAGNOLE, HOLLANDAISE, FLAMANDE ET FRANÇAISE;

ACCOMPAGNÉS

D'UN CHOIX ÉGALEMENT TRÈS PRÉCIEUX DE MANUSCRITS
ET DE LIVRES IMPRIMÉS SUR VÉLIN:

Dont la vente se fera le lundi 28 février 1825, et jours
suivans, à six heures de relevée, rue de Cléry, n° 21,
dans la salle de M. Lebrun.

L'exposition publique aura lieu les jeudi 24, vendredi 25, samedi 26,
et dimanche 27 février, de midi à quatre heures.

Les Catalogues se distribuent A PARIS,

CHEZ

LEROUX, Chevalier de l'Ordre royal de la Légion-
d'honneur, Commissaire-priseur, quai de Bourbon, île
Saint-Louis, n° 25.

LANEUVILLE, Peintre et Expert du Gouvernement
pour les objets d'art, rue Saint-Marc, n° 15.

P. DUFART, Libraire, quai Voltaire, n° 19.

DE L'IMPRIMERIE DE CRAPELET,
rue de Vaugirard, n° 9.

AVERTISSEMENT.

La riche Collection de Tableaux de premier ordre, Livres et Manuscrits précieux, que nous offrons au public, provient de l'une des plus belles galeries de l'Europe ; il a fallu des circonstances extraordinaires pour déplacer et remettre dans la circulation les chefs-d'œuvre des sciences et des arts qui forment cette précieuse réunion, lesquels doivent, sous tous les rapports, fixer l'attention des savans, des amateurs et des artistes, tant par leur mérite réel que par leur choix, ainsi que par leur originalité bien avérée, et le rang distingué qu'ils ont occupé dans les cabinets les plus célèbres et les plus renommés, tels que ceux de feu M. le duc de Choiseul, M. de Calonne, Randon de Boisset, Blondel de Cagny, Poullain, Le Brun et autres.

La Collection des Tableaux se compose des productions des peintres les plus célèbres des diverses Écoles, mais plus particulièrement de ceux de Flandre et de Hollande; nous nous bornons à en citer quelques uns des plus grands maîtres.

Parmi ceux de l'École d'Italie et d'Espagne, on distingue un tableau de Léonard de Vinci, un d'Annibal Carrache, et l'Enfant-Jésus endormi, par Murillo : parmi ceux de l'École flamande et hollandaise, deux beaux tableaux de Gérard Therburg, représentant des Concerts, dont l'un provient du cabinet de feu M. le duc de Choiseul, et l'autre de celui de M. de Calonne; Loth et ses Filles, par le chevalier Vanderwerf; un Départ pour la chasse, par Adrien Vanden Velde, du cabinet Randon de Boisset; la Vue d'une Porte de la ville de Cologne, par Vander Heyden, Figures de Vanden Velde; une Chute d'eau, par J. Ruysdaël; un très beau Paysage de Wynants; deux tableaux de premier ordre, l'un par Adrien Ostade, et l'autre par Isaac Van Ostade; un Effet de lumière, par Gérard Dow; un tableau précieux, par Gabriel Metzu, du cabinet Poullain; deux tableaux capitaux représentant des Intérieurs d'estaminet, l'un par David Teniers, et l'autre par A. Brawer (faisant pendant); un beau Portrait, par Rubens, un par Vandick, et un de Vanderhelst; des Vaches dans un paysage, par P. Potter; deux Paysages, par Berghem, et un par Karel Dujardin; des Ruines et des Animaux, par Asselin, et une Marine, par G. Vanden Velde; un beau Paysage, par Waterloo; un Intérieur, par Béga; un Repos en Égypte, par C. Polembourg; un de Thomas Wich, B. Breemberg, Paul Brill, et trois Vues de Flandre, par Breughel de Velours : de l'École française, quatre belles Marines de Joseph Vernet; la Cène, par Jouvenet; trois Têtes d'enfans, par Greuze; deux tableaux, par Pater; l'Intérieur d'un Atelier d'artistes, par M. Boilly, et plusieurs autres de différens maîtres; la plupart de ces tableaux sont gravés.

Tous ces objets seront exposés publiquement pendant les quatre jours qui précéderont la vente, et on délivrera pendant cette exposition, une feuille indicative des tableaux qui seront vendus dans chaque vacation, lesquels seront exposés le matin ; depuis midi jusqu'à trois heures, pour mettre les amateurs à portée de bien connaître ce qu'ils voudront acquérir.

Les mesures des tableaux ont été prises sur l'arasement intérieur des bordures. Les lettres T, B, C, qui se trouvent à la fin de chaque article, indiquent les tableaux qui sont sur toile, sur bois, ou sur cuivre.

—————

CATALOGUE

D'UNE MAGNIFIQUE

COLLECTION DE TABLEAUX

DE PREMIER ORDRE.

ÉCOLES ITALIENNE ET ESPAGNOLE.

1. — CARRACHE (Annibal).

Le Martyre de saint Sébastien. Il est incliné, ayant les mains derrière le dos et prêt à rendre le dernier soupir : ses regards éteints sont fixés sur la couronne et la palme du martyre qu'un ange lui apporte du ciel, pendant qu'un autre ange debout retire de son corps les flèches qui ont causé son supplice. La figure céleste de l'Ange exprime l'admiration que lui cause le courage extraordinaire du saint personnage, que la religion seule peut inspirer.

Ce morceau de galerie, qui est rendu avec toute l'énergie et toute la force qu'exigeait un pareil sujet, est un des ouvrages faits pour soutenir la gloire de ce grand peintre ; la figure de saint Sébastien surtout est d'une expression sublime, et on ne peut la considérer sans être vivement ému et sans éprouver une sensation pénible et douloureuse.

2. — LANFRANC.

Saint Pierre et saint Paul peints de grandeur naturelle et vus à mi-corps; ils tiennent chacun dans leurs mains les attributs qui les caractérisent.

Ce morceau peint avec énergie est d'une grande vigueur de coloris. T., h. 82 p., l. 34 p.

3. — LÉONARD DE VINCI (ATTRIBUÉ A).

L'Enfant-Jésus et le petit saint Jean assis sur la verdure, dans une grotte; ces enfans sont nus et s'embrassent tendrement; leurs caresses enfantines font éprouver un sentiment délicieux. Quelques fleurs champêtres sont parsemées dans cette grotte, qui est éclairée par deux ouvertures, autour desquelles sont des herbes grimpantes.

Nous invitons les connaisseurs à examiner ce tableau avec attention, et à juger de son mérite par eux-mêmes, ne voulant pas influencer leur jugement. B., h. 24 p., l. 18 p.

4. — MURILLO.

Ce tableau représente l'Enfant - Jésus, de grandeur naturelle, dormant sur une croix couverte d'une draperie ; ce sujet intéressant est remarquable par la vérité et l'éclat du coloris et par son bel empâtement de couleurs.

(7)

5. — TIEPOLO.

Ce tableau représente le Mariage de Henri IV, roi de France, avec Marie de Médicis. Les deux augustes fiancés sont à genoux au pied de l'autel; le duc de Bellegarde, grand-écuyer, représentant Henri IV, présente la main à Marie de Médicis, et le cardinal Aldobrandin leur donne la bénédiction nuptiale; derrière eux sont les chevaliers d'honneur de la cour de France et de celle de Toscane. Sur le devant sont différens personnages de distinction qui assistent à cette cérémonie.

Ce morceau est peint avec la plus grande facilité; les attitudes sont pleines de dignité et de noblesse, et l'effet en est bien senti. T., h. 28 p., l. 20 p.

6. — VARGASSO, PEINTRE ESPAGNOL.

Saint François, en extase devant le Christ en croix, lui montre la plaie qu'il a au côté et ses mains stigmatisées. Sa tête, entourée de la gloire céleste, est remplie d'expression et du plus grand caractère.

Ce tableau plein de vigueur, d'une magie extraordinaire et d'un dessin correct, peut être comparé à tous les ouvrages des plus grands maîtres d'Italie. B., h. 26 p., l. 20 p.

ÉCOLES FLAMANDE ET HOLLANDAISE,

7. — ABSOWEN.

Ce tableau représente le Laboratoire d'un alchimiste consultant des bouquins et d'autres livres posés sur une table, sur laquelle est une tête de mort, un sablier et d'autres objets. Dans la partie gauche sont des fourneaux allumés, des alambics et des creusets surveillés par trois élèves qui s'occupent à des travaux préparatoires aux opérations chimiques ; le devant est rempli d'une multitude de vases et d'ustensiles.

Ce tableau est éclairé par le jour qui vient d'une grande croisée, et qui répand la lumière sur tous ces détails, les fait ressortir, et produit l'effet le plus pittoresque. T., l. 44 p., h. 3o p.

8. — ASSELIN (Jean).

Le point de vue d'un Paysage d'un site d'Italie, offrant les ruines d'un grand aquéduc, au pied duquel coule un ruisseau que des villageois passent à gué avec divers animaux, tels que vaches, moutons et chèvres. Sur le premier plan, on remarque une jeune femme montée sur un âne, qui tient à la main une perdrix qu'elle montre à son chien pour le faire sauter ; près d'elle est un jeune paysan qui se déchausse pour passer le ruisseau. Sur un plan plus éloigné, à travers une arcade de l'aquéduc, on découvre une prairie d'une vaste étendue traversée par des chemins, où des pâtres conduisent leurs troupeaux.

Ce paysage est un des plus beaux tableaux de ce maître qui nous soient connus ; il est surtout remarquable par sa ressemblance avec les productions de Karel Dujardin, et joint à une composition simple et à une belle exécution un ton frais et argentin, et cette vapeur aérienne qui produit l'illusion de la nature. T., l. 24 p., h. 20 p.

9. — BÉGA (CORNEILLE).

Une jeune Musicienne, assise sur l'appui d'une grande croisée, chante en s'accompagnant de la guitare. Elle a les pieds nus, et le désordre de ses vêtemens indique qu'elle est dans la pauvreté ; mais elle s'en console en chantant ; elle est appuyée contre une table sur laquelle sont posés un tapis, des vases, un hautbois et plusieurs livres ouverts. Dans le haut du tableau est un rideau de couleur brune qui est retroussé.

Ce morceau, plein d'harmonie et de l'exécution la plus soignée, est sans contredit un des plus précieux de l'auteur ; il tiendrait une place honorable près d'un tableau de Gabriel Metzu. B., h. 13 p., l. 11 p.

10. — BERGHEM (NICOLAS).

Sur le devant d'un Paysage d'un site rocailleux et boisé, est un sentier où passe une jeune villageoise montée sur un âne, et un paysan revenant du marché avec leurs bestiaux. Dans l'éloignement on voit les débris d'une tour entourée d'arbres, et un pays plat qui avoisine des collines qui se détachent sur un ciel chaud et peu nuageux, indiquant un soleil couchant. De l'autre côté est un pâtre faisant abreuver deux vaches dans un ruisseau au pied des rochers.

BERGHEM (Nicolas).

Ce paysage faisant pendant du précédent, représente le point de vue d'une forteresse située au bord d'un lac et entourée d'un bois touffu adossé à de hautes montagnes, dont le premier plan offre, du côté gauche, des villageois faisant paître leurs troupeaux, tels que vaches, moutons et chèvres, sur un terrain garni de verdure, de buissons et de plantes, et de l'autre un paysan à cheval conduisant des animaux.

Ces deux jolis tableaux sont de la touche la plus fine et la plus précieuse ; les figures et les animaux sont pleins de mouvement, et ils méritent d'être placés dans les meilleurs cabinets. C., l. 11 p., h. 9 p.

11. — BRAWER (Adrien).

L'intérieur d'une Tabagie. Une scène grotesque entre une femme du peuple et un homme qu'elle tient aux cheveux, est le sujet qui attire les regards de plusieurs buveurs qu'on aperçoit sur la droite, et qui s'amusent de cette querelle, pendant que d'autres s'occupent à boire et à fumer. Une vieille femme regarde ce qui se passe par le trou d'une lucarne. Des poteries, un chaudron, des verres pleins et différens ustensiles de ménage, enrichissent ce morceau, l'un des plus capitaux de ce grand coloriste, dont Rubens faisait le plus grand cas. L'expression des figures est d'une vérité étonnante, et l'exécution est pleine de vigueur.

Ce tableau servait de pendant à celui de D. Teniers. B., l. 29 p., h. 18 p.

12. — BREUGHEL DE VELOURS.

Deux tableaux, dont l'un représente une Ville de Flandre un jour de marché.

Près d'un canal bordé d'habitations, une multitude d'hommes et de femmes s'occupent, les uns à vendre leurs bestiaux et les autres à les marchander; plusieurs les transportent dans des barques. Tous ces villageois sont en mouvement et uniquement occupés de leurs intérêts. Ce grand nombre de personnages en chariot, à cheval et à pied, et ces troupeaux d'animaux, tels que chevaux, vaches, porcs, chiens et autres, animent cette composition capitale qui est gravée par Le Bas. C., l. 14 p., h. 10 p.

PAR LE MÊME.

Ce tableau fait le pendant du précédent et offre le point de vue d'un site agréable près d'Alost. Cet endroit, situé sur le bord d'un canal, paraît un lieu de rafraîchissement et de plaisir; il est traversé par un grand chemin où viennent se réunir beaucoup de personnages de tout âge et de tout sexe, les uns en chariot, et d'autres à pied. Plus loin est une grande auberge entourée d'un bosquet. Dans le lointain sont d'autres habitations.

Ces deux morceaux sont brillans de couleur, et les figures sont touchées avec la plus grande finesse. C., l. 14 p., h. 10 p.

13. — BREUGHEL DE VELOURS.

Le point de vue d'une plaine immense, aux environs d'Anvers, traversée par l'Escaut, sur lequel est une grande quantité de barques de diverses grandeurs. Des bourgs et des villages s'étendent à droite et à gauche du fleuve; le devant de ce tableau est animé par une multitude de villageois et d'animaux, et dans l'éloignement on découvre une vaste étendue de pays dont la perspective aérienne forme un coup d'œil aussi étonnant qu'agréable, qui n'a de bornes que l'horizon.

Ce tableau, l'un des plus capitaux de cet habile peintre, est touché avec beaucoup de finesse. B. l. 17 p., h. 12 p. 6 l.

14. — DOW (Gérard).

Ce tableau représente un jeune Peintre dans son atelier, occupé à dessiner une statue de l'Amour, éclairé par l'effet d'une lampe; il est assis dans un fauteuil, et appuyé sur une table couverte d'un tapis de Turquie, sur laquelle sont posés des livres, un sablier et une sphère. On distingue dans le fond de la chambre un chevalet et différens autres ustensiles de peinture. Ce morceau est l'un des plus précieux de cet habile peintre; l'effet en est des plus magiques, et produit la plus grande illusion; et Gérard Dow se montre aussi parfait dans cet ouvrage que dans ses plus belles compositions. B. cintré du haut, h. 10 p. ½, l. 8 p.

15. — PAR LE MÊME.

Deux tableaux faisant pendant, dont l'un représente le Portrait du père de ce grand peintre, fait avec la plus grande facilité; il s'est attaché principalement à finir la tête, et a négligé les vêtemens. Ce morceau, de la plus grande vérité, est peint dans la manière de Rembrandt, dont il était l'élève.

L'autre représente le Portrait de sa mère, dont il s'est plu à représenter les traits. Celui-ci est du fini le plus précieux et d'un coloris transparent et harmonieux. Ces deux portraits, que Gérard Dow a répétés plusieurs fois, prouvent l'attachement et l'amitié qu'il avait pour ses parens. Ils sont gravés tous deux par François Vandranini, et proviennent du cabinet du comte de Thiars. Forme ovale. B., h. 6 p. 4 l., l. 5 p. 3 l.

16. — DUJARDIN (Karel).

Une jeune Villageoise s'occupe à filer en gardant sa vache; auprès d'elle est une gourde et un panier couvert d'un linge; la figure enjouée de cette jolie paysanne, et sa bouche entr'ouverte, annonce qu'elle charme son loisir par une chanson. Une teinte brillante anime ce paysage, dont le ciel indique un beau jour d'été. Ce joli tableau se soutiendra sans désavantage à côté des plus beaux de ce maître, par sa belle exécution. B. h. 10 p., l. 8 p. 6 l.

17. — GOYEN (Van).

Le point de vue d'une Ville de la Hollande, près de laquelle est un grand canal glacé, couvert d'une multitude de patineurs et de personnages en traîneaux, qui se divertissent par un jour de fête; des baraques construites sur la glace sont remplies de buveurs, et l'on voit flotter un grand drapeau sur celle qui est la plus grande, qui est près d'une ancienne tour. On aperçoit dans le lointain plusieurs habitations, et un grand nombre de personnes s'amusant à patiner.

L'exécution de ce tableau a beaucoup de finesse et beaucoup de fermeté; les figures sont peintes avec beaucoup d'esprit. B., l. 30 p., h. 19 p.

18. — GRIFFIER.

Deux Vues des environs d'Amsterdam en hiver. L'une représente une fête sur la glace pendant le carnaval, où l'on voit des traîneaux remplis de monde, et beaucoup de patineurs sur le devant du tableau; sur le second plan est un château fort, et dans l'éloignement une étendue de rivière glacée.

Le second offre aussi une multitude de patineurs qui se divertissent sur la glace; un bateau, chargé de plusieurs personnes, passe auprès d'une tente surmontée d'un pavillon hollandais, où sont réunis d'autres personnages qui s'occupent à boire et à fumer.

Ces deux tableaux sont pleins de mouvement et touchés avec beaucoup de finesse. C., l. 24 p., h. 18 p.

19. — HERMAN SVANVELT.

Ce tableau représente la Vue d'un site d'Italie boisé et montueux, où l'on voit sur le premier plan, à droite, au bord d'un ruisseau, deux bûcherons occupés à soulever un tronc d'arbre, et de l'autre côté sont deux villageois portant des paniers; sur un plan plus éloigné, des voyageurs à cheval et à pied traversent un chemin bordé de grands arbres et de bois touffus, à travers lesquels on découvre des rivières et des coteaux cultivés, animés par diverses figures et animaux.

Un ciel pur et serein éclaire ce tableau, qui est d'une grande fraîcheur de ton et d'un effet mystérieux; le feuillé des arbres est touché avec la plus grande légèreté. Ce morceau, d'une exécution savante, est comparable aux productions de Claude le Lorrain, que cet artiste distingué a cherché à imiter dans cet ouvrage. C., l. 25 p., h. 14 p.

20. — HEYDEN (Vander).

Le point de vue d'une Porte de la ville de Cologne. Une femme montée sur un cheval, et plusieurs villageois qui conduisent des troupeaux de bestiaux sur la grande route, s'acheminent vers l'entrée de cette ville, dont on voit dans l'éloignement la tour de la cathédrale, ainsi que d'autres édifices qui sont dominés par des arbres.

Nous pouvons dire que ce joli tableau est un chef-d'œuvre, tant il est parfait sous tous les rapports de l'art. Adrien Vanden Velde s'est plu à l'enrichir d'un grand nombre de figures et d'animaux. Ce tableau vient du cabinet de M. de Cagny, et a passé dans celui de M. Poullain; il est gravé dans le recueil de son cabinet, sous le n° 112. B., h. 12 p. ½, l. 10 p.

21. — HOLBEIN.

Saint Pierre apparaissant à un religieux. Ce cénobite, les mains jointes, est à genoux devant le saint, qui tient un livre à la main; il paraît écouter avec intérêt ce religieux. Cette scène se passe dans un site de paysage agréable. Les ouvrages de cet artiste sont très anciens et très rares. B., h. 16 p., l. 10 p.

22. — LEDUC (Jean).

Dans l'intérieur d'un appartement, sont rassemblés plusieurs personnages qui se livrent au plaisir; l'un d'eux, coiffé d'un chapeau orné de plumes, est assis sur les genoux d'une femme qui fait semblant de dormir : elle est près d'une table couverte d'un tapis de Turquie, sur laquelle sont placées une guitare et une cruche de grès; derrière la table est un cavalier dont on n'aperçoit que la tête qui sourit à une femme qui est dans les bras d'un personnage dont les caresses sont un peu libres. Cette scène se passe pendant le sommeil d'un gros homme assis près de la table, et qui paraît ivre. Sur la droite sont des instrumens de musique et des ustensiles de ménage.

Ce tableau, dont le sujet est grotesque, est du meilleur faire de cet artiste. B., l. 20 p., h. 12 p.

23. — LOUNDENS (Gérard).

Assis au milieu de la boutique d'un chirurgien de village, un paysan ayant le haut du corps découvert, se fait faire une opération au milieu du dos par ce vieil Esculape, ayant les lunettes sur le nez, et armé d'un bistouri. Le pauvre patient fait une grimace horrible. Une vieille femme qui est près de lui, tâche de l'encourager à supporter cette douleur. Divers instrumens de chirurgie sont dispersés dans son laboratoire.

On reconnaît dans ce bon tableau la vigueur du coloris et le clair obscur de l'école de Rembrandt, dont ce peintre était l'élève.

24. — METZU (Gabriel).

Ce joli tableau représente l'Intérieur d'un Cabinet d'étude, où l'on voit une jeune demoiselle s'occupant à dessiner d'après une tête de Niobé en plâtre, posée sur une table avec d'autres objets ; elle est vêtue d'un manteau de lit de velours ponceau bordé d'hermine, et d'une jupe d'étoffe de soie changeante. Une coiffe blanche dont elle est ajustée fait ressortir sa charmante figure. Dans le fond de l'appartement, on aperçoit un chevalet, des dessins, une sphère et une bibliothéque.

Cette aimable production soutient dignement la réputation de Gabriel Metzu; elle est parfaite sous les rapports de l'exécution; le coloris en est brillant et la lumière y est parfaitement distribuée.

Il provient du cabinet de M. Poullain, et est gravé. B., h. 14 p., l. 11 p.

25. — NETSCHER (GASPARD).

Ce joli tableau représente une jeune personne de la figure la plus agréable, vêtue d'un casaquin de velours rougeâtre bordé d'hermine, et d'une jupe de satin blanc; elle tient dans sa main un cure-dent qu'elle porte à sa bouche, et paraît peu s'occuper d'un rouet et d'une quenouille qui sont devant elle. Il est difficile de rencontrer dans les cabinets de tableaux un morceau plus agréable et d'un goût plus exquis; c'est un des plus gracieux qui soient sortis du pinceau de Gaspard Netscher; il joint l'agrément du sujet au plus précieux fini. B., cintré de haut, h. 8 p. l. 6 p.

26. — OSTADE (ADRIEN).

Ce tableau représente l'Intérieur d'une Tabagie, où de bons villageois, rassemblés autour d'une table, s'occupent à boire et à chanter; on y remarque surtout un vieillard assis sur une escabelle, tenant un verre plein de bière et chantant à gorge déployée, pendant qu'un autre homme l'accompagne en jouant du violon; près de lui est une femme âgée qui tient une canette. L'expression des figures annonce la gaîté la plus franche, et tout le plaisir qu'éprouvent ces bons paysans. Des vases de cuivre, des poteries, un panier, et divers autres détails dispersés dans l'intérieur de la chambre, contribuent à enrichir ce tableau du coloris le plus riche, de la plus parfaite harmonie, et l'un des plus précieux de ce grand coloriste. B., l. 14 p., h. 11 p.

27. — OSTADE (Isaac Van).

Un beau Paysage représentant l'Extérieur d'une Auberge de village, sur le bord d'une route, où s'arrête un voyageur qui vient de descendre de cheval, et le remet au garçon de l'auberge pour le faire rafraîchir. Sa présence a effrayé une petite fille qui se jette dans les bras de sa mère. Un villageois, assis auprès de la porte, est occupé à prendre son repas, et sur le haut de l'escalier d'une habitation voisine, on voit une vieille femme qui file, et un jeune paysan qui regarde ce qui se passe. Dans la partie droite est une étable à porcs. Un chien, des poules, un panier renversé, des vases de cuivre et d'étain, des poteries et autres ustensiles de ménage, enrichissent cette composition. On aperçoit dans le lointain un clocher et de grands arbres qui avoisinent des chaumières. Un rayon de soleil qui frappe sur le bord du chemin et sur le devant de la maison, donne une lumière vive qui reflette dans tout le tableau, et produit l'effet le plus piquant et le plus vrai.

Ce morceau, que l'on peut considérer comme un

des chefs-d'œuvre de ce peintre, se distingue par la simplicité de la composition, la vigueur du coloris, le nerf du pinceau, et une magie extraordinaire. T., 30 p. ½, l. 24 p. 6 l.

28. — PETER NEFS.

L'Intérieur d'une Église cathédrale de Flandre, éclairée à l'effet du jour. Ce tableau mérite d'être distingué parmi tous les ouvrages de cet habile artiste; la perspective y est bien observée, et il a su éviter la froideur de toutes ces lignes droites, en réunissant par de larges masses d'ombres, ou demi-teintes, la plus grande partie des détails de ce grand édifice, et il en résulte un effet harmonieux et piquant. Plusieurs personnages variés dans leurs costumes et dans leurs attitudes, animent l'ensemble de ce morceau, qui est l'un des plus capitaux de Peter Nefs, et fait pour orner la plus belle galerie.

29. — POELEMBOURG (Corneille).

Le Repos en Égypte. Près des ruines d'anciens monumens, la Vierge, assise sur une pierre, tient son divin Fils dans ses bras; saint Joseph, ayant un livre dans ses mains, se repose sur le bord d'un sentier, et regarde la sainte Vierge, à qui il paraît adresser la parole; des groupes d'anges voltigent au-dessus de la tête de l'Enfant-Jésus. On découvre dans le lointain un vaste terrain entremêlé de fabriques, de rochers et de coteaux arides.

Ce tableau, d'un ton clair et brillant, est du meilleur temps de cet habile peintre. B. l. 17 p., h. 12 p.

3o. — POTTER (Paul).

Deux Bœufs animent ce site agreste et sauvage; l'un, qui est d'une forte stature et d'une couleur blanche, tachetée de gris, semble attendre l'autre, qui est à s'abreuver dans une rivière que l'on aperçoit dans la partie gauche du tableau par une échappée de vue; de l'autre côté sont des masses d'arbres qui se détachent sur un ciel peu nuageux.

Les tableaux de ce peintre de la nature sont de la plus grande rareté. Celui-ci, qui porte la date de 1748, est d'une exécution très soignée, et se fait remarquer par la vigueur de l'effet et la vérité des détails. B., l. 24 p., h. 16 p. 6 l.

3r. — ROTHNAMER.

Le Miracle des cinq pains. Au milieu d'une grande multitude d'individus de tout âge et de tout sexe, Jésus-Christ bénit les poissons qu'un jeune enfant lui présente; pendant ce temps les disciples du Sauveur distribuent les pains à toute cette multitude. Sur le premier plan, à droite, une femme assise, tenant un enfant dans ses bras, paraît attendre l'accomplissement du miracle, ainsi que plusieurs autres personnages dispersés sur différens plans.

Cette scène intéressante est parfaitement rendue; les figures ont beaucoup d'expression, et sont d'un caractère grandiose; cet habile artiste a cherché dans cet ouvrage à imiter le style des grands maîtres italiens. B., h. 24 p., l. 18 p.

32. — RUYSDAEL (Jacques).

Ce morceau, d'un aspect imposant, offre l'Intérieur d'une Forêt, d'un site sauvage, parsemée de rochers, de grands arbres et de buissons, traversée dans le milieu par un torrent qui coule avec rapidité, et entraîne avec lui des masses de roches, des arbres renversés et des plantes; les nuages amoncelés dans le ciel, sous les formes les plus pittoresques, annoncent l'approche d'un orage qui effraie des villageois, qui fuient et s'empressent de faire rentrer leurs troupeaux au bercail; dans le fond, sur la hauteur, on découvre des coteaux, un clocher et un moulin à vent.

Ce bel ouvrage est du nombre de ceux qui justifient complétement la réputation de Jacques Ruysdael; l'exécution en est hardie, et l'effet bien raisonné; la fougue et la transparence des eaux sont rendues avec la plus grande vérité et la plus grande énergie, et la forme des arbres est variée comme dans la nature; en un mot, ce beau paysage est aussi parfait que l'on puisse le désirer. T. l. 37 p., l. 32 p. 6 l.

33. — RUBENS (P. Paul).

Le Portrait de Westermann, célèbre graveur, à qui Rubens confia un grand nombre de ses ouvrages pour les graver; il a les bras croisés, et est vêtu de noir, ayant le col de sa chemise retombant sur son habit. Ce beau portrait est peint avec la plus grande franchise, et sa carnation est d'un coloris plein de vérité; il est cité comme un des meilleurs portraits de ce grand peintre. De forme ovale sur bois; l. 18 p., h. 12 p.

34. — RUBENS (P. P.).

Cette esquisse représente saint Jérôme au fond d'une grotte, occupé à commenter l'Écriture Sainte. Près de lui est un crucifix, une tête de mort, et plusieurs livres ouverts sur la table; son attitude démontre qu'il est entièrement livré à l'étude; il est nu jusqu'à la ceinture, et le reste du corps est couvert d'une draperie rouge; un lion est à ses pieds, et son chapeau de cardinal est suspendu à un rocher.

Cette belle esquisse paraît être la première pensée d'un tableau plus grand, qui a été exécuté par ce grand peintre. B. l. 10 p., h. 9 p.

35. — RUBENS (attribué a).

Le Portrait d'un Vieillard ayant une barbe blanche; il est de grandeur naturelle, et vu jusqu'aux genoux. Ce personnage, qui paraît être un magistrat, est vêtu d'une large robe noire avec une fraise au cou; et l'écusson de ses armes est peint sur une draperie qui est dans le haut du tableau.

Ce morceau, d'un pinceau mâle et hardi, est d'une carnation de couleur de la plus grande vérité, et peut figurer avec avantage à côté des plus beaux tableaux de ce grand peintre, et est digne de leur être comparé. T., h. 42 p., l. 31 p.

36. — RUBENS (École de),

Quatre tableaux représentant des Pères de l'Église.

Le premier tableau représente saint Jérôme, une plume à la main, écrivant la Vulgate.

Le second, saint Grégoire inspiré par le Saint-Esprit, sous la forme d'une colombe qui voltige autour de sa tête; il tient une croix à double traverse.

Le troisième, saint Augustin portant un cœur enflammé, emblème de l'amour divin dont il est pénétré.

Le quatrième, saint Basile tenant dans sa main une discipline, instrument de sa pénitence.

Ces quatre tableaux sont du plus riche coloris; les têtes sont d'un grand caractère, et les ajustemens sont rendus avec la plus grande vérité : étant réunis, ils pourraient faire l'ornement d'une chapelle de souverain. B. h. 24 p., l. 18 p.

37. — WICH (Thomas).

Le point de vue d'un Port de mer, offrant dans le milieu du tableau une grande fontaine ornée de figures, où des chevaux viennent s'abreuver. Dans la partie droite, sur le premier plan, on remarque une jeune femme, accompagnée d'un cavalier, et de l'autre côté un personnage monté sur un cheval blanc, donnant des ordres à son domestique. On découvre dans le lointain un bras de mer bordé d'habitations et de montagnes.

Différens accessoires, tels que légumes, vases et draperies, touchés avec esprit, enrichissent ce morceau éclairé par un beau soleil d'été qui reflette sur tout le tableau, et lui donne la couleur la plus brillante. B. l. 23 p., h. 18 p.

38. — THERBURG (Gérard).

Ce beau tableau représente l'Intérieur d'une Chambre à coucher, dans laquelle on remarque une jeune dame hollandaise, de la figure la plus intéressante, vêtue d'une jupe de satin blanc, garnie d'une dentelle d'or, et d'un manteau de lit de satin jaune, bordé d'hermine, occupée à prendre une leçon de mandoline; elle est assise près d'une table couverte d'un tapis de Turquie, sur laquelle sont posés des livres, un papier de musique, un chandelier et autres accessoires; de l'autre côté de la table son maître tient d'une main un livre de musique, et de l'autre marque la mesure; plus loin un jeune homme debout, enveloppé dans son manteau, paraît s'intéresser à la leçon.

Ce tableau magnifique est la production la plus parfaite que l'on connaisse de cet habile artiste, tant par le charme de sa couleur et son harmonie parfaite, que par la délicatesse et la suavité du pinceau. Il est de la plus grande pureté, et réunit toutes les qualités aimables qui distinguent les ouvrages de Gérard Therburg.

Il provient du cabinet de M. de Choiseul, et est gravé dans son recueil. T., h. 25 p., l. 21 p. 4 l.

39. — THERBURG (Gérard).

Un autre tableau de même dimension que le précédent, représentant l'Intérieur d'un Appartement, dans le milieu duquel est une jolie femme blonde, de la carnation la plus fraîche, prenant une leçon de guitare; son maître, qui est debout, l'accompagne en battant la mesure; son vêtement est un surtout de velours rouge et une jupe de satin blanc brodée en or; près d'elle est un joli chien épagneul dormant sur une chaise, et une table couverte d'un tapis de soie verte, sur laquelle sont posés un violoncelle et un pupitre avec des livres de musique. Il règne dans cette production une magie de couleur extraordinaire; la touche en est des plus délicates et infiniment précieuse. Il serait difficile de rencontrer un tableau plus harmonieux ni plus gracieux de cet artiste distingué.

Ce morceau provient du cabinet de M. de Calonne, et peut servir de pendant au précédent. La composition et la disposition des groupes font présumer que ces deux tableaux ont été originairement dans la même galerie; que le hasard les avait séparés, et l'on doit à l'amour des arts et aux recherches du propriétaire d'avoir pu réunir ces deux chefs-d'œuvre dans cette riche collection. T. h. 25 p., l. 21 p.

40. — TENIERS (David).

Ce tableau capital, composé de treize figures, représente l'Intérieur d'un Estaminet, où l'on voit, sur le premier plan, un groupe de cinq personnages, dont deux sont occupés à jouer aux cartes ; les trois autres les regardent et paraissent s'intéresser particulièrement au vieillard et le féliciter sur la beauté de son jeu. Sur un plan plus éloigné, on distingue un homme couché sur un banc, ainsi que plusieurs villageois ivres qui dansent tenant en main des canettes de bière et des verres pleins, et d'autres qui conversent avec une servante ; un tonneau, un chien, plusieurs vases et divers accessoires touchés avec la plus grande facilité, enrichissent le devant de cette production majeure de ce grand peintre, qui est connu sous le nom du Chapeau rouge. B., l. 25 p., h. 18 p.

41. — PAR LE MÊME.

Sur le devant d'un paysage, indiquant l'approche d'un village, on voit plusieurs paysans conversant ensemble ; à gauche sont plusieurs chaumières, et de l'autre côté on découvre dans le lointain des prairies et des coteaux qui se détachent sur un ciel argentin. Ce joli tableau, du meilleur temps de l'auteur, vient du cabinet Poullain et est gravé. Forme ronde. B., diamètre 9 p.

42. — TENIERS (David).

Le point de vue d'un Village, où l'on voit sur le devant deux grandes habitations, dont l'une est une auberge devant laquelle sont plusieurs paysans assis à une table, s'occupant à boire et à fumer. Sur le devant de la maison sont plusieurs ustensiles de ménage, ainsi qu'un enclos fermé par des palissades, qui est près d'un ruisseau. Ce tableau est touché spirituellement et d'une couleur brillante. B., h. 13 p., l. 9 p.

43. — VANDERWERF (le chevalier A.).

Loth et ses filles. Ce patriarche, d'après l'avis du ciel, a fui la ville coupable qui doit éprouver la vengeance divine. Il s'est réfugié dans une caverne avec ses deux filles, qui, se croyant seules sur la terre, cherchent à enivrer leur père pour mieux exécuter leur projet ; l'une d'elles presse une grappe de raisin dans une coupe que Loth tient sur ses genoux, et l'autre assise près de lui paraît l'engager à boire. A droite sont des raisins et d'autres fruits posés sur une large pierre, auprès de laquelle est un vase.

Cette charmante composition est l'une des plus précieuses de cet artiste distingué. Les trois figures sont nues et d'un relief admirable, et l'on peut dire que ce chef-d'œuvre réunit toutes les qualités que l'on désire dans un ouvrage de peinture. Dessin correct, expression, effet brillant et harmonieux, pinceau suave et un fini extraordinaire, exempt toutefois de cette froideur qu'on trouve dans quelques tableaux du même artiste, font remarquer celui-ci comme un des objets les plus précieux de cette belle collection. Ce morceau, qui vient du cabinet de M. le duc de Choiseul, est cité dans le Dictionnaire de peinture de Watelet, comme ayant été payé, du vivant de Vanderwerf, 4,200 florins. Il est gravé par Delaunay. B., h. 18 p. 4 l., l. 13 p.

44. — PAR LE MÊME.

Ce petit tableau représente un Atelier de sculpture. On y remarque plusieurs jeunes élèves occupés, les uns à dessiner, et les autres à modeler d'après la statue du Gladiateur combattant. Un homme âgé paraît les diriger dans leurs études. Différens objets d'art et d'autres détails contribuent à enrichir ce joli morceau, qui se distingue par la finesse de sa touche, par le moelleux du pinceau et par la vérité des détails. B. cintré du haut, h. 8 p. 4 l., l. 6 p.

45. — VANDEN VELDE (Adrien).

Ce tableau du premier ordre représente un Départ pour la chasse.

A gauche, sur le premier plan, on remarque un jeune seigneur donnant la main à une dame qu'il conduit vers un beau cheval blanc couvert d'une housse de velours bleu, et que tient un valet de pied habillé de rouge. Plus loin, un piqueur à cheval donne le signal du départ. On aperçoit, sur un plan plus éloigné, des garde-chasse et des valets qui tiennent des chiens en laisse, et plusieurs équipages de chasse. Du même côté sont deux pélerins qui demandent l'aumône aux principaux personnages.

On rencontre rarement de cet habile peintre un tableau aussi capital et qui soit d'une couleur tellement éclatante qu'il rappelle le plus beau jour d'été. On y admire, dans les figures et les animaux, un pinceau suave et délicat, et une précision de dessin qui ne laisse rien à désirer. Nous espérons que ce chef-d'œuvre fixera l'attention des amateurs.

Ce tableau provient du cabinet de M. Randon de Boisset ; il est signé A.V. Velde 1662. T., l. 23 p., h. 17 p. 6 l.

46. — VANDEN VELDE (Guillaume).

Une Mer calme. Des pêcheurs sont occupés à retirer leurs poissons d'un bateau qui est échoué sur un banc de sable ; l'un deux, ayant les jambes nues et le dos chargé d'une hotte, se dirige vers une cabane pour y déposer sa marchandise. A droite, on distingue un vaisseau à l'ancre, et, dans le lointain, plusieurs barques de pêcheurs. Ce joli tableau réunit un effet piquant à une grande finesse d'exécution. B., l. 9 p. 6 l., h. 7 p. 6 l.

47. — VANDICK (Philippe).

Dans l'Intérieur d'une Chambre, un voyageur à moitié vêtu paraît se reposer des fatigues de son voyage, en fumant sa pipe. Il a une jambe posée sur l'autre, et le coude appuyé négligemment sur une table, où l'on voit un flambeau et une partie de ses vêtemens en désordre.

Ce tableau, qui est du coloris le plus vrai et du plus précieux fini, est digne de Metzu, qu'il paraît que cet habile peintre a voulu imiter dans cette production. B., h. 11 p., l. 10 p. 6 l.

48. — VANDICK (attribué à A.).

Le Portrait d'un magistrat hollandais vu jusqu'aux genoux. Il est vêtu d'une étoffe de soie noire, ayant une fraise au col; il est assis près d'une table couverte d'un tapis rouge, a une main placée sur un livre de parchemin, et de l'autre relève son vêtement.

Ce beau portrait est digne du maître auquel il est attribué, par la vérité de sa carnation, son bel empâtement de couleurs et la fermeté de l'exécution. B., h. 42 p., l. 25 p.

49. — VAN TOL.

Ce joli tableau représente une Cuisinière, d'une figure joviale, montrant un faisan qu'elle tient par les pattes; elle est debout devant l'appui d'une croisée, sur laquelle est posé un tapis de Turquie du fini le plus précieux, ainsi qu'un vase en cuivre et des carottes. On aperçoit dans le fond d'une autre chambre, plusieurs personnages assis à une table, prenant leurs repas. Un vase avec des fleurs et une bouteille sont posés en dehors sur la corniche de la croisée, qui est ornée d'un bas-relief. Un rideau, une cage et d'autres détails contribuent à enrichir ce morceau d'une exécution ferme et précieuse. B., h. 14 p., l. 10 p. 6 l.

5o. — A. WATERLOO.

Ce Paysage représente une Promenade des environs de La Haye. A l'entrée d'un bois touffu, un chasseur vêtu de rouge ayant le fusil sur l'épaule, tient un levrier en laisse; il est précédé de trois autres chasseurs dont l'un porte un lièvre dans sa carnassière, l'autre, monté sur un cheval, converse avec ses deux autres compagnons; sur le devant du tableau, deux chiens de chasse accouplés se désaltèrent dans une eau limpide. On aperçoit sur un plan plus éloigné, un carrosse attelé de quatre chevaux, qui est arrêté devant une auberge où pend une enseigne.

Ce tableau est de la plus grande finesse, et le feuillé des arbres est touché avec la plus grande légèreté. Les figures sont d'un beau faire et du plus rare mérite. Le tableau est signé A. W. et V. Velde, 1663. T., h., 26 p. 8 l., l. 24 p.

5i. — VICTOR.

Ce tableau représente le jeune Tobie rendant la vue à son père : ce vieillard, assis dans un fauteuil, penche la tête vers son fils (le modèle de la piété filiale), qui lui oint les yeux d'une main, et de l'autre tient une boîte qui renferme le fiel de poisson qui doit lui rendre la vue. Anne sa vieille mère, appuyée sur le dos du fauteuil de son époux, attend avec une

espérance mêlée de crainte, le résultat de l'opération. A gauche, on voit l'ange Raphaël qui regarde
cette scène avec intérêt.

Ce morceau, l'un des plus capitaux de cet habile
peintre, est du plus riche coloris ; la tête du vieillard
est pleine de noblesse ; les mains sont parfaitement
dessinées et les ajustemens sont rendus avec la plus
grande vérité. Ce morceau peut rivaliser avec les
plus beaux tableaux de Rembrandt, dont cet artiste
était le principal élève. T., l. 52 p., h. 37 p.

52. — WYNANS (Jean).

Dans la partie droite de ce beau Paysage, on remarque sur le premier plan deux gros troncs d'arbre dépouillés de leurs feuilles, dont l'un est rompu
près de la racine ; ils sont groupés avec des buissons, des fleurs champêtres, et de belles plantes
rendues avec une vérité surprenante, et sont ados-
sés à un monticule surmonté d'un grand massif d'arbres ; de l'autre côté sont des buttes de terre sablon-
neuse parsemées de verdure et couronnées d'arbres
légers, à l'ombre desquels se reposent des voyageurs ;
dans un sentier éloigné, on voit un chasseur avec
son chien, et deux hommes à cheval. Des habitations avoisinées d'arbres, de vastes prairies, et des
coteaux cultivés se distinguent dans l'éloignement.

Ce paysage est un de ceux où cet artiste distingué
a fait le mieux sentir le genre de talent et les détails
où il excellait ; les arbres, les plantes et les lointains
sont peints avec une délicatesse rare et de l'exécution

la plus soignée ; la couleur en est brillante et vraie,
et les figures, qui sont de Linguelbach, sont d'un
mérite distingué.

Ce tableau est presque de la même dimension que
celui de Jacques Ruysdael, et pourrait lui servir de
pendant. T., l. 38 p., h. 31 p.

53. — WYNANS (Jean).

Sur le devant de ce charmant tableau est un terrain sablonneux parsemé d'herbes et de plantes, et
traversé par un sentier où l'on voit deux voyageurs
à cheval qui courent au grand galop, et paraissent se
diriger vers une petite maison de plaisance entourée
de grands arbres ; sur la droite les yeux se promènent
sur de vastes prairies coupées par des chemins et des
collines.

Ce joli bijou, dont les figures sont par Ad. Vanden
Velde, et connu sous le nom du *Courrier*, est gravé
à l'eau forte par Van Brod, et terminé par Le Bas ; il
vient du cabinet de feu Lebrun. B., l. 14 p., h.
10 p. ½.

54. — WOUWERMANS (Philippe).

Sous une tente dressée à la hâte au milieu d'un
terrain aridé et sablonneux, plusieurs paysans, hommes, femmes et enfans, viennent s'y réfugier et
prendre leur repas à l'abri de l'ardeur du soleil ; sur
le devant est un jeune chasseur, qui tient un chien
en laisse, à qui un villageois offre de la bière qu'il

tire d'un tonneau ; un peu plus loin un cavalier converse avec une jeune fille, pendant qu'un pauvre lui demande l'aumône ; dans le lointain, on distingue plusieurs voyageurs qui se reposent, et des coteaux incultes.

54 *bis.* — PAR LE MÊME.

Ce tableau fait le pendant du précédent. Dans la partie gauche, près d'une masure, on remarque une troupe de Bohémiens sous une grande tente attachée d'un bout à un vieux tronc d'arbre, et de l'autre à une grande perche qui sert à la soutenir : dans le milieu du tableau est un cavalier monté sur un cheval bai, à qui un villageois présente un verre de vin. Dans la partie droite on distingue une forteresse bâtie sur une masse de rochers.

Ces deux tableaux offrent à l'œil un bel effet de clair-obscur, et un heureux accord de tons chauds et vaporeux. L'exécution en est précieuse et franche, et ils sont gravés par Alianet. B., h. 12 p., l. 10 p.

ÉCOLE FRANÇAISE.

55. — M. BOILLY.

Ce tableau représente l'Atelier d'un peintre, où sont deux jeunes artistes ; l'une, debout, examine des dessins qu'elle tire d'un portefeuille ; et l'autre, assise à côté d'elle, se prépare à dessiner d'après divers morceaux de sculpture en plâtre, parmi lesquels ou distingue une statue d'enfant, par François Flamand. Au milieu de l'appartement est une boîte à couleurs ouverte, un vase antique, un livre dont la couverture est déchirée, et plusieurs autres objets qui annoncent le désordre qui existe ordinairement dans les ateliers des artistes, qui sont tout occupés de l'enthousiasme de leur art.

Ce joli tableau, l'un des plus gracieux qui soient sortis du pinceau de M. Boilly, et dont le principal mérite est dans l'agrément de la composition et la franchise de la lumière, joint à un pinceau moelleux et ferme, une grande vérité dans tous les détails. T., h. 26 p., l. 22 p.

56. — GREUZE (J. B.).

Un jeune Garçon ayant une chevelure blonde argentée, et une carnation des plus fraîches qui indique une belle santé, est assis sur une petite chaise, près d'une croisée ; il est vêtu d'un gilet blanc, un tablier bleu est par-dessus son vêtement ; sa tête un peu penchée lui donne un air sournois, qui lui a fait donner le surnom du *petit Boudeur.* Il est du meilleur temps de ce peintre de la nature, et est gravé par Guttemberg. T., h. 17 p., l. 14 p.

57. — PAR LE MÊME.

Deux autres jeunes enfans de la même dimension ; l'un représente un jeune Garçon et l'autre une jeune Fille.

Ces deux tableaux ont été peints en Italie, et sont également d'un coloris agréable et vrai. T., h. 17 p., l. 14 p.

58. — JOUVENET.

La Cène, ou le Lavement des pieds par Saint-Louis, composition capitale et du plus grand intérêt. Dans le milieu du tableau sont des vieillards rangés en cercle et assis sur un banc, qui attendent le moment où le saint roi, à l'imitation de Notre Seigneur, procédera à cette œuvre pieuse ; ce personnage auguste, dont la vénérable figure est pleine d'onction, est vêtu du manteau royal ; il est prosterné, et se prépare à faire cet acte d'humilité ; près de lui est un vase de cuivre et des linges pour essuyer les pieds. Un cardinal, des religieux, et plusieurs personnes de la cour assistent à cette cérémonie religieuse, qui se passe dans le palais du roi.

Ce tableau est un des meilleurs de cet habile peintre français ; il est sagement composé, les figures ont chacune le caractère qui leur convient, et il est peint d'une main large et d'un ton vrai. T., l. 55 p., h. 45 p.

59. — LE PRINCE.

Un Corps-de-garde russe. Un jeune officier, vêtu de rouge, chante en s'accompagnant d'une espèce de guitare; derrière lui est un soldat qui joue de la clarinette. Cette espèce de concert paraît intéresser une jeune femme assise sur les genoux d'un militaire vêtu d'une cuirasse, et qui cherche en vain à en obtenir quelque faveur. L'intérieur du corps-de-garde est rempli de soldats, d'armes et de drapeaux. Ce morceau, d'une composition agréable, est connu par la gravure de Levasseur. C., h. 15 p. 6 l., l. 12 p. 6 l.

60. — LOUTHERBOURG.

Une Vue maritime par un gros temps. Ce tableau représente l'entrée d'une rade, entourée de rochers surmontés d'une forteresse, où les vagues viennent se briser; des pêcheurs, voyant l'approche d'une tempête, s'empressent de retirer leurs filets; dans l'éloignement on distingue des navires ayant toutes leurs voiles dehors, afin de pouvoir entrer dans la rade pour s'y mettre à l'abri.

Les tableaux de cet artiste distingué sont très rares en France et très recherchés. Celui-ci est de son meilleur temps. T., l. 29 p., h. 23 p.

61. — PATER (Jean-Baptiste).

Deux tableaux; l'un représente un site champêtre, où une réunion de plusieurs personnages viennent se promener; une Bohémienne, suivie de son fils, s'approche d'une jeune personne pour lui proposer de lui dire la bonne aventure. Cette scène paraît intéresser plusieurs personnes de la société, tandis que d'autres, plus indifférentes, se reposent sur l'herbe.

PAR LE MÊME.

Devant une jolie maison de campagne, quelques jeunes gens dansent autour d'un mai, orné d'une couronne de fleurs, pendant qu'un jeune galant présente des fleurs à une jolie personne qui est assise devant la maison, cherchant à l'intéresser par son offrande.

Ces deux tableaux, qui viennent de la Collection de M. le duc de Choiseul, sont d'un coloris agréable, et touchés avec la plus grande finesse; les figures sont remplies de grâce, et ajustées avec beaucoup de goût. B., l. 19 p., h. 13 p.

62. — VERNET (Joseph).

Deux tableaux de grande dimension de cet artiste célèbre. L'un représentant une Mer calme à l'effet du soleil couchant, et l'autre une Tempête.

Sur le devant du premier, dans la partie gauche, est un château-fort flanqué d'une tour qui s'avance dans la mer, au bas duquel est une jetée, où des commerçans Levantins font débarquer leurs marchandises par des matelots. De l'autre côté est une grande barque que des pêcheurs lancent à la mer, et sur un plan plus éloigné est un vaisseau à l'ancre, ayant toutes ses voiles repliées. Sur l'horizon, dans la vapeur, on distingue un port de mer près d'un village adossé à de hautes montagnes.

L'autre offre une grande étendue de mer agitée par une tempête, dont les vagues en furie ont fait échouer un vaisseau contre des rochers qui occupent le premier plan. Un groupe de plusieurs figures d'hommes et de femmes qui viennent de se sauver du naufrage, donne lieu à une scène pathétique qui produit l'impression la plus vive et l'effet le plus savant dans le milieu de la composition. Près d'eux sont des matelots qui s'empressent de sauver les débris du bâtiment qui vient de faire naufrage, et dont on n'aperçoit que le haut des mâts. Plus loin on voit un navire luttant contre les flots, prêt à être englouti, et une barque remplie de marins qui cherchent à gagner le rivage. A droite, dans l'éloignement, on aperçoit une forteresse élevée sur des rochers, où viennent se briser les vagues de cette mer orageuse, dont l'éclat et la lumière des eaux produit l'effet le plus vrai et le plus piquant.

Ces deux tableaux de premier ordre de ce peintre célèbre, peints à son retour d'Italie, dans la plus grande force de l'âge de J. Vernet, sont d'une touche savante et pleine d'énergie, et méritent de tenir le premier rang parmi les productions des plus grands maîtres.

Ils sont tous deux signés et datés de 1754. T., l. 57 p., h. 32 p.

63. — VERNET (Joseph).

Deux autres tableaux, dont l'un représente le point

de vue d'un Port de mer. On voit dans le milieu du tableau, sur le second plan, un phare élevé sur des rochers et entouré de bâtimens. Sur le devant, un officier de hussards qui s'entretient avec quelques dames vêtues avec élégance, leur montre un vaisseau que l'on aperçoit dans le lointain, et qui se dirige vers l'entrée de la rade. Du côté droit sont des femmes qui se baignent, et d'autres qui cherchent des coquillages à l'ombre de rochers surmontés d'arbres.

Il est signé et daté 1772.

64. — PAR LE MÊME.

Ce tableau, plein de vigueur et d'effet, représente également la vue d'un Port de mer, entouré de rochers escarpés couronnés d'ouvrage pour la défense du port, à l'entrée duquel est un phare. Du côté droit, on remarque sur la jetée des Orientaux s'entretenant avec des femmes de leur nation, ainsi que des pêcheurs occupés à mettre à terre le produit de leur pêche. Un nègre, assis sur des ballots de marchandises, fume tranquillement sa pipe et s'occupe peu de ce qui se passe autour de lui. De l'autre côté est un vaisseau à l'ancre et une chaloupe remplie de matelots, qui est prête d'aborder. Ces deux morceaux, dont l'un est éclairé par un soleil levant, et l'autre par un soleil couchant, sont aussi du plus beau faire de cet artiste célèbre, dont tous les ouvrages sont recherchés dans tous les pays, et passeront à la postérité la plus reculée, ainsi que ceux des héritiers de son nom et de son talent. Cuivre; il est signé et daté 1776.

N° 65.

Les Tableaux non décrits dans ce Catalogue se vendront sous ce numéro.

ARTICLES OMIS A LEUR RANG.

10 *bis.* — BERKEYDEN (Guérard).

Le point de vue d'un Château du prince d'Orange, d'où sort un carrosse attelé de six chevaux, dans lequel sont deux personnages; cette voiture est précédée de deux postillons et d'un coureur, et escortée par des hallebardiers; sur un plan plus éloigné est un étang qui entoure le château, ainsi que d'autres édifices qui semblent en être des dépendances.

Ce tableau joint à un coloris clair et harmonieux, une grande précision dans la perspective et dans les détails de ce vaste monument. Les figures sont peintes comme Vanden Velde. B., l. 23 p., h. 19 p.

11 *bis.* — BRÉEMBERG (Bartholomé).

Deux charmans petits Paysages, dont l'un représente des ruines d'anciens édifices romains au milieu d'un site champêtre, où des pâtres font paître des troupeaux d'animaux sur divers plans; un pélerin qui se repose est sur le devant du tableau. L'autre offre également les ruines d'anciens monumens dispersés dans la campagne des environs de Rome, et animés par plusieurs figures et animaux.

Ces deux bijoux, du coloris le plus éclatant et le plus vrai, nous rappellent le beau ciel d'Italie. Les figures et les monumens sont touchés avec la plus grande finesse. C., l. 9 p. 6 l., h. 5 p.

FIN.